L'ALGORITHMIQUE RÉPARTIE

La chaire Informatique et sciences numériques du Collège de France a été créée en partenariat avec l'Institut national de recherche en informatique et en automatique (Inria).

Rachid Guerraoui
Chaire annuelle Informatique
et sciences numériques (2018-2019)

L'algorithmique répartie

À la recherche de l'universalité perdue

Collège de France / Fayard

ISBN : 978-2-213-71240-6.
Dépôt légal : avril 2019.

Leçon inaugurale
prononcée au Collège de France
le jeudi 25 octobre 2018

Leçon inaugurale n° 283

Nous sommes en 2019. Les humains sont contrôlés par des algorithmes. Tous les humains ? Tous. Aucun village d'irréductibles ne résiste encore et toujours aux algorithmes ? Aucun.

Est-ce grave ? C'est une question de perspective. Les algorithmes ne boivent pas, ne s'énervent pas et ne s'endorment pas. Pourquoi ne pas les laisser conduire nos voitures ? Nous accusons la voiture d'être le moyen de transport le plus dangereux quand nous devrions plutôt accuser le chauffard, lui qui boit, s'énerve ou s'endort. Et si nous avions pu envoyer des algorithmes pilotant des robots au fond d'une mine, nous aurions raté de grandes œuvres littéraires, certes, mais nous aurions sauvé de nombreuses vies humaines. À ce propos, justement, les algorithmes sont souvent meilleurs que les médecins lorsqu'il s'agit de détecter certaines maladies à partir d'une radiographie.

Les algorithmes sont meilleurs car ils s'exécutent sur des systèmes informatiques extrêmement *robustes* et *rapides*. La robustesse signifie un fonctionnement 24 h/24 et provient de la *répartition globale* du système informatique sur plusieurs sites, parfois disposés aux quatre coins du monde, et tolérant donc la défaillance partielle de certains de ces sites. La rapidité vient de la *répartition locale* du calcul car au cœur même de chaque ordinateur cohabitent aujourd'hui une multitude de processeurs.

Faire transcrire par des informaticiens chevronnés les savoirs d'une équipe médicale compétente dans un algorithme ne peut être intrinsèquement mauvais, puisque l'on décuplera la force des médecins. Vive donc les algorithmes et nous avec !

Cependant, les algorithmes peuvent aussi, parfois, dire n'importe quoi. Nous le constatons régulièrement. Ils peuvent même raconter des bêtises énormes. Et certaines bêtises peuvent être dangereuses car elles sont amplifiées par la puissance du système informatique exécutant l'algorithme.

Le grand danger n'est pas l'*intelligence artificielle* des algorithmes, mais leur *bêtise naturelle*. Ce danger est concret, réel, palpable.

Il n'est pas du registre de la science-fiction comme la prétendue super-intelligence des algorithmes, trop souvent médiatisée. Plus nous dépendons des algorithmes, plus nous sommes vulnérables à leur bêtise.

Mais ne pouvons-nous rien contre cette bêtise? Les informaticiens n'ont-ils pas développé, depuis près d'un siècle, des techniques de preuves théoriques et de tests empiriques qui devraient nous permettre de réduire la probabilité de mauvaises surprises?

Si. Mais ces techniques reposent sur une hypothèse fondamentale : l'*universalité* de Turing. En effet, Alan Turing a fait de l'informatique une science en créant un modèle d'ordinateur *universel*, appelé la « machine de Turing ». Tout ce qui peut être calculé par un algorithme peut l'être par cette machine. Depuis un demi-siècle, les ordinateurs sont construits suivant ce modèle universel. Cela permet, tout en profitant de la puissance d'un ordinateur, de s'affranchir des détails technologiques de son architecture pour apprivoiser les algorithmes. Ces algorithmes peuvent ainsi être conçus et analysés à partir de principes abstraits rigoureux, puis testés concrètement sur n'importe quelle machine universelle, avant d'être exécutés sur une autre. Cette universalité nous a permis d'espérer un monde algorithmique sûr.

Malheureusement, cette universalité a été perdue dans une large mesure. Elle a été perdue sans qu'on le réalise parfois, lorsque l'on a voulu *répartir* les systèmes informatiques pour en faire des machines super-robustes et super-rapides. En cherchant la robustesse et la rapidité, nous avons perdu l'universalité.

Alors que n'importe quel algorithme, conçu pour une machine de Turing, peut être déployé et exécuté tel quel sur n'importe quelle autre machine, cela devient impossible sur un réseau de machines. Cette impossibilité est intimement liée à l'impossibilité pour des machines d'atteindre un *consensus* lorsqu'elles sont connectées par un réseau *asynchrone*, c'est-à-dire sans hypothèse sur les temps de communication. Intuitivement, lorsque l'on dispose un algorithme sur un ensemble de machines, celles-ci ne peuvent pas toujours se mettre d'accord sur l'ordre d'exécution des instructions de cet algorithme, à cause de l'asynchronisme du réseau. Les machines exécutent alors un algorithme différent de l'original censé être exécuté, et le résultat est tout simplement faux.

La perte de l'universalité de Turing implique que l'on ne peut pas déployer sur un réseau de machines un algorithme conçu à partir de principes abstraits issus de l'algorithmique classique – centralisée –, ou testé sur d'autres machines, et s'attendre à ce que l'algorithme fonctionne de la même manière. Les détails technologiques du réseau entrent en jeu : l'abstraction et la rigueur en pâtissent.

La discipline scientifique qui étudie les algorithmes déployés sur des systèmes informatiques répartis s'appelle l'*algorithmique répartie*. Elle étudie aussi bien les algorithmes déployés sur un ensemble d'ordinateurs géographiquement distants et communiquant par envois de messages, que les algorithmes déployés sur plusieurs processeurs au cœur du même ordinateur. On parle parfois dans ce dernier cas d'*algorithmes concurrents*, c'est-à-dire qui partagent la même mémoire.

L'un des objectifs principaux de l'algorithmique répartie est d'étudier les hypothèses minimales sur un réseau permettant de combiner l'universalité, sous sa forme originale de Turing ou sous une forme restreinte, avec la rapidité et la robustesse des réseaux modernes.

Cette leçon inaugurale retrace l'histoire de cette quête d'universalité en soulignant quelques résultats clés. Après un bref historique sur les concepts d'algorithme et d'universalité, nous traiterons d'algorithmique répartie, en particulier :

1. de la répartition des algorithmes qui a conduit à la perte de l'universalité de Turing ;
2. de la quête de l'universalité dans le contexte des systèmes informatiques répartis.

Nous donnerons une idée intuitive des trois grandes classes de résultats fondamentaux en algorithmique répartie :

1. le théorème d'universalité du consensus ;
2. le théorème d'impossibilité du consensus ;
3. les théorèmes d'universalité restreinte[1].

1. Mes cours détaillent ces résultats classiques alors que les séminaires et colloques ont vocation à présenter des résultats plus récents et des problèmes ouverts. Les enregistrements audio/vidéo sont disponibles sur le site internet du Collège de France : https://www.college-de-france.fr/site/rachid-guerraoui/_course.htm.

1. Une brève histoire de l'universalité informatique

Les humains essayent de calculer depuis la nuit des temps. Lorsque les calculs semblent difficiles, on appelle ces humains des mathématiciens. Lorsqu'ils ne se contentent pas seulement de trouver une solution au calcul, mais proposent des procédures simples permettant à des novices en mathématiques de trouver eux-mêmes les solutions, on les appelle des *algorithmiciens*. La caractéristique principale des procédures de résolution des calculs proposées par ces mathématiciens altruistes est qu'elles sont fondées sur des étapes élémentaires simples, ne nécessitant aucune connaissance sophistiquée.

Algorithmique des anciens temps

Le plus célèbre algorithmicien s'appelait Mohammed. Il travaillait dans sa jeunesse, aux environs de l'an 800, comme traducteur à la cour du grand calife Rachid, Aaron de son prénom. Celui des *Mille et une nuits*. Le calife lui avait demandé de traduire *Les Éléments* d'Euclide en arabe. Désirant que Bagdad dépasse Byzance par le savoir, le calife y édifia une grande bibliothèque. Tous les ouvrages importants devaient y être disponibles.

Peu après la mort du calife, son fils aîné fut assassiné par son frère cadet, qui devint alors calife. Féru de sciences, il entoura la grande bibliothèque d'un collège, le Collège de Bagdad. Le but du nouveau calife était que Bagdad dépasse Byzance non seulement grâce à la qualité de sa bibliothèque, mais aussi grâce au niveau d'instruction de son peuple. Il embaucha des professeurs et les paya généreusement : signe ultime de sagesse. Il ordonna entre autres à son jeune traducteur de devenir professeur et d'enseigner aux citoyens de la ville comment résoudre divers calculs mathématiques. Il lui fallait commencer par les hommes de loi. En effet, les règles d'héritage étaient complexes : les juges devaient être précis et impartiaux dans les partages, tout en respectant les règles propres aux musulmans, aux juifs, aux chrétiens et aux zoroastriens. Le professeur devait en particulier enseigner à ces hommes de loi comment calculer la superficie des terrains qui revenaient à chaque héritier.

Un calcul particulièrement ardu consistait à déterminer la longueur d'un carré, sachant que la surface de ce carré multipliée par un certain nombre (en fonction du nombre d'héritiers), puis additionnée à un nombre représentant un impôt (en fonction de cette longueur), est égale à la surface totale de la terre héritée. On appelle cela aujourd'hui une « équation de second degré ». La longueur du carré était l'*objet* recherché, le *chaii* en arabe, latinisé plus tard en X. Le professeur ne devait donc pas seulement résoudre le calcul et trouver X ; il devait enseigner aux hommes de loi, peu à l'aise en calcul, une technique simple leur permettant de trouver eux-mêmes X. Il y avait certes des techniques fondées sur les identités remarquables qui le permettaient, mais elles étaient trop complexes pour les juges. L'idée alternative géniale fut alors de passer par une étape intermédiaire : le calcul du *discriminant*, le fameux delta (Δ). X se déduisait ensuite facilement. C'est ce que font les lycéens aujourd'hui. Ils savent que le calcul du discriminant permet de trouver X. Sans trop se demander pourquoi.

Le professeur et mathématicien altruiste qui eut cette idée géniale s'appelait Al-Khawarizmi, ou « Algorithmi », ancêtre officiel des algorithmiciens. Il passa une grande partie de sa vie à concevoir des procédures de résolutions de calculs complexes, à partir d'étapes élémentaires simples. Algorithmi voulait que tout se ramène à des additions de chiffres. Cela le poussa en particulier à adopter des modélisations de données particulières. Ainsi pour faire des additions sur des grands nombres, il remplaça les chiffres romains par les chiffres dits « arabes », ou « indiens », et utilisa le zéro[1].

Pendant plusieurs siècles, des savants s'inspirèrent de la méthode d'Algorithmi, proposant à leur tour des procédures de résolution de problèmes complexes à partir d'étapes élémentaires simples. Ils ne parlaient pas d'*algorithmes*, mais précisaient souvent « à la manière d'Algorithmi ». Les travaux de ces

1. Le lecteur non convaincu de l'importance de cette avancée pourrait essayer de faire des additions de grands nombres représentés par des symboles romains.

savants s'inscrivaient dans une quête d'universel : décrire tous les calculs possibles avec des algorithmes, permettant ainsi à n'importe quel humain de les résoudre. Il suffisait pour cela que l'humain en question sache effectuer quelques opérations arithmétiques simples, en particulier les additions de chiffres.

Parmi les exemples célèbres, on peut citer ceux d'Al-Khayam vers 1050, qui proposa divers algorithmes pour la résolution d'équations de troisième degré ou l'extraction de la énième racine d'un entier. Lui aussi avait mesuré l'importance de la modélisation des données utilisées par les algorithmes et proposa une forme rudimentaire de ce que l'on appelle aujourd'hui le *nombre réel*. Un siècle plus tard, un jeune Italien, Leonardo de son prénom, quittait Pise pour suivre son père le consul Bonacci à Béjaïa. Il y trouva les œuvres d'Algorithmi et s'en inspira pour décrire des algorithmes de conversion monétaire. Il proposa aussi un algorithme permettant de calculer la progression d'une population de lapins : la fameuse suite du « fils de Bonacci » (Fibonacci). À son tour, Leonardo prit conscience de l'importance de la représentation des données en proposant de modéliser chaque fraction comme une somme de fractions distinctes ayant le chiffre 1 comme numérateur. Autour des mêmes années, plus au nord, en Andalousie, Ibn Rochd de Cordoue (Averroès) proposa de déconstruire un raisonnement logique en étapes élémentaires. L'algorithmique sortait du domaine strict des nombres. Le moine Adélard de Bath, contemporain d'Averroès, fut le premier à utiliser le terme *algorithme* pour décrire les procédures en question.

Rien ne semblait arrêter les algorithmiciens. Grâce à eux, l'humain se transformait en calculateur universel : sans connaissance préalable en mathématiques, il semblait pouvoir tout calculer. Algorithmi avait ouvert la voie. Il avait montré que même un homme de loi pouvait résoudre une équation de second degré. Il lui suffisait de suivre *machinalement* les instructions à la lettre, et ces instructions consistaient à exécuter des opérations élémentaires simples dans un ordre très précis, clairement décrit dans l'algorithme.

Des machines et des hommes

Ce qui devait arriver arriva. Au lieu de faire exécuter les algorithmes par des humains, les algorithmiciens commencèrent à les faire exécuter par des machines. Il fallait bien entendu construire des machines pouvant exécuter des opérations élémentaires en suivant des instructions à la lettre. Ensuite, il fallait décrire l'algorithme dans un langage compris par la machine. Autrement dit, il fallait la *programmer*.

Parmi les exemples de machines célèbres, il y eut la fameuse « pascaline », du non moins célèbre Blaise Pascal. Le père de Blaise, Étienne Pascal, avait été nommé par le cardinal de Richelieu comptable commissaire à Rouen. Voyant son père s'échiner pendant de longues soirées à faire des calculs répétitifs d'impôts, le jeune Blaise imagina une machine à roues pouvant faire les calculs toute seule. Cela se passait en 1640 et Blaise Pascal, qui avait repris les nombres de Fibonacci dans son fameux triangle, ne semblait rien ignorer des travaux des algorithmiciens. La pascaline exécutait principalement des additions. Elle faisait cela sans erreur et sans se fatiguer. Les entiers négatifs étaient représentés par des compléments à neuf et le mécanisme qui faisait revenir la roue après neuf, en propageant les retenues, était breveté. Le tout était néanmoins très spécialisé et la pascaline était peu universelle.

Près d'un demi-siècle plus tard, Gottfried Wilhelm Leibniz s'inspira de la pascaline et de son mouvement rotatif pour construire son « instrument arithmétique ». Il y représenta les nombres par une notation binaire. Deux machines, constituées de roues, étaient combinées : une pour l'addition et une pour la multiplication. Celle qui était conçue pour les multiplications ne multipliait pas tous les multiples de dix. La machine de Leibniz, comme celle de Pascal, faisait peu de choses, mais de manière fiable et efficace. Elle n'était pas universelle.

Puis, en 1830, Charles Babbage proposa le plan d'une machine plus ambitieuse : un « engin analytique ». La motivation initiale était d'automatiser les tables nautiques. Mais Babbage voyait plus loin : automatiser tous les calculs. Ainsi, il distingua la mémoire de l'unité centrale de calcul et eut l'idée d'utiliser des cartes perforées de machines à tisser pour programmer sa machine, censée, elle, être universelle.

En 1842, Ada Lovelace fut chargée de traduire, du français en anglais, un article décrivant la machine analytique de Babbage. Mais ses notes allèrent bien au-delà d'une traduction : elles constituaient la meilleure description de l'engin analytique de Babbage et du premier programme jamais écrit. Il s'agissait d'un algorithme calculant une suite de nombres rationnels par récurrence : les nombres de Bernoulli. Malheureusement, l'engin analytique de Babbage, jugé trop complexe, ne fut jamais complètement opérationnel. Il a fallu attendre plus d'un siècle, et une sorte d'accident, pour réaliser le rêve d'universalité de Babbage.

Universalité de Turing

Jusqu'au début du XXe siècle, beaucoup pensaient, comme Algorithmi, que tout problème mathématique pouvait être *calculé* par un algorithme. David Hilbert émit cette conjecture de calculabilité universelle à Paris en 1900. Quelques décennies plus tard, elle fut jugée trop vague et peu crédible par Alan Turing, jeune étudiant à Cambridge au Collège du Roi. Pour réfuter la conjecture de calculabilité, il fallait au jeune Turing une définition précise de la notion d'algorithme.

En 1936, Turing décrivit sur un bout de papier le modèle d'une machine abstraite, infirma la conjecture de Hilbert et en émit une autre : tout ce qui pouvait être calculé pouvait être calculé sur cette machine. Sa conjecture ne fut jamais réfutée. En deux mots, Alan Turing, en infirmant la conjecture de Hilbert, avait défini une autre forme d'universalité, liée à sa machine. Arrêtons-nous brièvement sur la signification de cette universalité et le contexte de sa définition par Turing.

Tous les problèmes ne possèdent pas de solution algorithmique. Alan Turing, rejoignant les idées de Kurt Gödel, démontra que certains problèmes à caractère récursif ne peuvent être calculés par un algorithme. L'exemple considéré était celui de la conception d'un algorithme décidant quels algorithmes se terminent. Plus généralement, et grâce à la fameuse diagonale de Cantor, il est possible de démontrer que l'ensemble des fonctions impossibles à résoudre par un algorithme est infini. Mais il en reste une infinité qui peuvent l'être. Intuitivement, le nombre total de problèmes est de la taille des nombres réels alors que l'ensemble des problèmes calculables par un algorithme est de la taille des entiers.

Beaucoup de problèmes sont non calculables mais il en reste quand même une infinité qui le sont. Et tous ceux qui le sont le sont par une machine de Turing. C'est précisément dans ce sens que la machine de Turing est *universelle*. Il est important à ce stade de noter que l'idée de considérer un algorithme comme une *donnée* d'un autre algorithme, centrale dans l'infirmation de la conjecture de Hilbert, est aussi le principe central de la machine universelle de Turing.

La machine de Turing est une machine à écrire un peu particulière. Elle ne se contente pas de transcrire ce qu'on lui transmet lettre par lettre sur un ruban de papier. Elle *décide* quoi écrire en fonction de ce qu'il y a déjà sur le ruban de papier, ainsi que sur ce qui a été préalablement décrit par le programmeur sur une table, appelée parfois *automate*. Cette table est l'algorithme. Cet algorithme stipule non seulement ce que doit écrire la machine, mais aussi dans quel sens se déplacer sur le ruban et dans quel *état* aller, parmi un ensemble fini d'états possibles. L'algorithme est représenté par une donnée de la machine qui peut être écrite sur le même ruban sous forme de table. C'est comme si la machine à écrire était utilisée d'abord pour rédiger comment elle devait traduire les lettres tapées (l'algorithme sous forme de table), avant d'être utilisée pour écrire les lettres en question (les données de l'algorithme). Le génie de Turing a été d'envisager que tous les problèmes calculables pouvaient être calculés par un algorithme, décrit par une simple table et s'exécutant donc sur sa machine.

Naissance d'une discipline scientifique et d'un outil magique

Résumons-nous. Avant l'avènement des machines de calcul, l'algorithmique était une discipline purement mathématique. Le calculateur qui exécutait les algorithmes était un être humain supposé savoir exécuter des opérations simples, et en particulier des additions d'entiers. Le but de l'algorithmicien était de concevoir des solutions à des problèmes complexes sous forme d'algorithmes fondés uniquement sur ces opérations simples.

Avec l'avènement des premières machines de calcul, comme la pascaline, l'algorithmique s'est partiellement confondue avec la technologie : le concret a pris le pas sur l'abstrait. On ne pouvait concevoir un algorithme sans se préoccuper des détails technologiques de la machine devant l'exécuter. L'algorithmique cessa ainsi d'être une discipline scientifique pendant quelques siècles.

Mais l'universalité de Turing changea de nouveau la donne. L'invention de la machine universelle de Turing a permis de s'affranchir des détails technologiques dans la conception d'algorithmes, comme au temps d'Algorithmi. Sauf que deux choses avaient fondamentalement changé.

D'une part, le concept d'« algorithme » a pu être défini de manière précise : une séquence d'instructions représentée par une table. Cela a permis de raisonner sur la sûreté et l'efficacité des algorithmes de manière abstraite. Concernant l'efficacité par exemple, on a pu déterminer le nombre d'instructions élémentaires qu'il faut exécuter, en fonction de la taille des données, pour en déduire une fonction : la *complexité* de l'algorithme. Cela permet de comparer, d'analyser, d'améliorer et de prédire les comportements des algorithmes.

D'autre part, tous les algorithmes ont pu être exécutés sur n'importe quel ordinateur, car tous les ordinateurs développés depuis Turing obéissent au modèle de sa machine *universelle*. Sans cette universalité, nous aurions eu peut-être besoin d'une machine pour aller sur Internet, une autre pour écrire un texte, une autre pour les calculs, etc. L'architecture est fondamentalement la même. L'algorithme n'est pas soudé dans la machine, mais en constitue une donnée. On a pu distinguer le logiciel du matériel, ce qui a donné naissance à l'*informatique*, une discipline scientifique dotée de principes fondamentaux que nous pouvons aujourd'hui enseigner[1].

2. Informatique répartie : l'infiniment grand

Ordinateurs et réseaux

Alan Turing est mort en 1954. Traqué par la justice britannique au nom de valeurs peu universelles, Turing s'est suicidé. La même année, Thomas J. Watson, qui annonçait dix ans plus tôt qu'il y avait un marché pour cinq calculateurs au plus, lançait IBM dans la production massive d'ordinateurs. Ce serait

1. Il faut essayer d'imaginer ce que serait l'enseignement des algorithmes et des calculateurs sans l'universalité de Turing tellement les technologies progressent vite. Malgré cette universalité, il y a des avis très divergents qui opposent ceux qui estiment qu'il ne faut enseigner que des langages de programmation utilisés par l'industrie et ceux qui estiment qu'il faut enseigner des langages très abstraits. Sans l'universalité, nous enseignerions différentes sortes de machines et pour chacune, le sous ensemble des algorithmes qu'elle peut exécuter ainsi que les langages qu'elle comprend; ou, plus probablement, nous n'enseignerions pas l'informatique.

d'ailleurs le patron d'IBM France qui aurait proposé le nom *ordinateur*. Chaque ordinateur coûtait alors un demi-million de dollars. Le prix baissa au fil des années, tandis que les capacités augmentaient de manière exponentielle. Le nombre d'ordinateurs développés commença dès lors à croître de manière significative.

Tous les ordinateurs étaient construits suivant le modèle universel de Turing. Étant similaires, ils pouvaient se comprendre. Encore fallait-il disposer d'un moyen de les faire communiquer. La disquette était une solution possible mais très lente. Une carte réseau fut alors fabriquée, permettant de faire communiquer un ordinateur central avec des terminaux. Ces derniers, ne disposant pas de disque dur, servaient simplement à entrer et à récupérer des informations. Seul le serveur central était une machine de Turing, c'est-à-dire un ordinateur *complet*. C'est finalement la guerre froide qui motiva l'*informatique répartie*, c'est-à-dire la construction d'un réseau de machines de Turing.

En 1957, les Russes lancèrent Spoutnik. Vexé et soucieux de ne pas céder la supériorité scientifique et technique américaine aux Russes, Dwight D. Eisenhower créa ARPA (Advanced Research Projects Agency). Leonard Kleinrock, étudiant au Massachusetts Institute of Technology (MIT) à l'époque, proposa la communication par paquets, préparant ce qui devait devenir plus tard le protocole de communication universel entre ordinateurs : TCP/IP. Entre-temps, ARPA se voyait ajouter le D de « Défense » et devenait DARPA. Les Américains, craignant que leurs installations informatiques soient bombardées, décidèrent de les dupliquer systématiquement sur des sites dispersés. L'idée, qui donna alors naissance à l'*informatique répartie*, était de copier les données et l'algorithme *centralisé* (et *séquentiel*) qui les manipulait sur plusieurs ordinateurs, de les faire se coordonner au moyen d'un algorithme *réparti*, afin que l'ensemble fonctionne comme une sorte de *super-machine de Turing répartie*. Son super-pouvoir était sa *robustesse*.

Une connexion entre deux universités, l'université de Californie à Los Angeles (UCLA), où Kleinrock était devenu professeur, et celle d'Utah, fut d'abord réalisée. D'autres connexions suivirent, dans un premier temps, câblées à l'intérieur du continent, puis par satellite avec Hawaï ou l'Angleterre. Vers 1970, 23 ordinateurs étaient connectés sur 15 sites différents. La communication était fiable. Les informations pouvaient passer par un autre média si celui qui avait été choisi par défaut était en panne. L'IRIA, ancêtre d'INRIA en France, expérimentait aussi de telles communications à l'époque.

En 1984, on dépassait les 1000 machines connectées sur ce que l'on appelle aujourd'hui Internet et qui relie désormais près de 4 milliards de personnes.

Propriétés d'une machine répartie

Arrêtons-nous sur la motivation originale de l'informatique répartie que nous venons de mentionner : dupliquer des données critiques sur divers sites, les traiter avec un même algorithme s'exécutant sur des ordinateurs différents dans le but de construire une abstraction d'ordinateur *robuste*. C'est ce que nous essayons de faire aujourd'hui dans une *blockchain* (chaîne de blocs), un *cloud* ou un *data center* par exemple.

Plus précisément, avec N ordinateurs, le but est d'obtenir l'abstraction d'une *super-machine répartie*, à savoir la machine *perçue* ci-dessous, satisfaisant les deux propriétés suivantes :

- *atomicité* : une seule machine est perçue.
- *robustesse* : la machine perçue est plus fiable qu'un seul ordinateur.

La notion de *perception* est importante. Pour la comprendre, il faut distinguer d'une part le réseau des N ordinateurs impliqués dans la duplication des données et la construction de la super-machine, appelés *serveurs,* et, d'autre part, les *clients* de cette machine. Ces clients sont aussi des ordinateurs ; c'est de leur perception dont on parle ici. Le terme *client* traduit le fait que ces ordinateurs sont des utilisateurs des données critiques traitées par la machine répartie[1]. Les clients utilisent la machine répartie dans le sens où ils invoquent

1. Dans ce que l'on appelle « réseaux pair-à-pair », les rôles de client et de serveur sont joués par la même machine mais, dans un souci de simplification, nous distinguons les deux ici.

des opérations sur cette machine et obtiennent le cas échéant un résultat correspondant à ces opérations.

La propriété d'*atomicité* stipule que ces ordinateurs clients doivent percevoir le réseau d'ordinateurs *dupliqués* comme une *seule* machine. Traduisant ce que l'on appelle la *transparence* de la répartition, ou de la duplication, cette propriété permet d'utiliser dans un contexte *réparti* des algorithmes initialement conçus dans un contexte *centralisé* et donc de transposer sur le réseau le modèle universel de Turing. La machine perçue est censée fonctionner tant qu'un certain nombre d'ordinateurs sous-jacents fonctionnent. C'est la propriété de robustesse. Idéalement, X = N, mais assurer la propriété d'atomicité implique parfois un X de l'ordre de (N+1)/2, comme nous allons le voir.

Algorithmique répartie et adversaire

L'algorithme chargé d'assurer les deux propriétés d'atomicité et de robustesse est un *algorithme réparti*. Il est à distinguer de l'algorithme centralisé et séquentiel s'exécutant sur les données de chaque serveur. La caractéristique principale d'un algorithme réparti est qu'en plus des instructions classiquement utilisées par les algorithmes centralisés il contient des instructions permettant de faire communiquer les ordinateurs entre eux, comme par exemple l'envoi de *messages*.

La tâche du concepteur de cet algorithme réparti n'est pas aisée. Cet algorithme doit assurer les deux propriétés *globales* que sont l'atomicité et la robustesse, mais en ne se fondant que sur les états *locaux* des machines. La seule connaissance qu'une machine possède de l'état des autres machines repose sur la réception des messages, et ces messages traduisent un passé qui peut être assez ancien, car la congestion du réseau peut impliquer des temps de communication élevés. Ainsi, lorsqu'une machine reçoit un message d'une autre machine, cette dernière a pu en recevoir d'autres entre-temps, et changer d'état, ou même défaillir.

Pour appréhender la difficulté qu'implique la conception de l'algorithme réparti, il est important d'imaginer un *adversaire* dont l'objectif est d'empêcher que les deux propriétés d'atomicité et de robustesse soient satisfaites. Tout se passe comme si cet adversaire contrôlait le réseau et essayait de fourvoyer l'algorithme réparti chargé de faire coopérer les ordinateurs afin de satisfaire ces propriétés. L'adversaire peut par exemple décider quand les clients invoquent des opérations sur la machine répartie et quelles opérations ils invoquent exactement sur cette machine. L'adversaire peut aussi retarder des communications entre machines ou même arrêter ces machines – comme nous allons l'illustrer ci-dessous –, tout comme il peut injecter des messages erronés dans le réseau, qu'aucune machine n'a en réalité envoyés.

La notion d'adversaire est purement abstraite, mais elle est particulièrement utile quand on souhaite raisonner rigoureusement sur un algorithme réparti. Si nous supposons par exemple que toutes les machines peuvent s'arrêter en même temps, l'adversaire est trop puissant et il est impossible d'assurer la propriété de robustesse. Si, à l'autre extrême, nous supposons que les messages envoyés n'arrivent pas à destination au-delà d'un temps connu à l'avance par ces machines, qu'aucun des serveurs n'est défaillant, et que les clients utilisent la machine répartie l'un après l'autre, alors assurer les deux propriétés ci-dessus n'est pas très compliqué. L'algorithmique répartie pose la question de savoir si, étant donné un adversaire entre ces deux extrêmes représentant un certain modèle de réseau, il est possible d'assurer les propriétés d'atomicité et de robustesse, et à quel prix, en ce qui concerne par exemple le nombre de messages à échanger.

Les quelques exemples ci-dessous vont permettre d'illustrer la difficulté. Ces exemples concernent le stockage et le calcul d'une liste de nombres premiers. Les nombres premiers ont ceci de particulier qu'ils sont difficiles à trouver quand ils sont grands et ils en retirent un certain prestige. Dans tous ces exemples, et dans un souci de simplification, nous supposons que la seule source de défaillance est la panne franche d'une machine qui pourrait ne plus répondre. On suppose que la machine s'arrête définitivement. Autrement dit, quand l'adversaire décide de s'en prendre à une machine, il n'a d'autre choix que de l'arrêter et ce, pour toujours. Par ailleurs, nous supposons que les communications entre machines se font par envois fiables de messages : un message envoyé par un ordinateur A à un ordinateur B est ultimement reçu si A et B ne sont pas défaillants (arrêtés par l'adversaire). En revanche, nous ne supposons ici aucune borne, ni inférieure ni supérieure, sur le temps de communication : en d'autres termes, c'est l'adversaire qui décide quand un message arrive. On dit que le réseau et l'adversaire sont *asynchrones*. Nous ne considérons néanmoins pas le cas où l'adversaire peut faire envoyer à une machine des messages qu'elle n'est pas censée envoyer. Nous reviendrons brièvement plus tard sur ces situations.

Une première difficulté : le compromis entre robustesse et atomicité

Supposons que l'on stocke une liste de nombres premiers inférieurs à 1000 sur deux ordinateurs d'un même réseau : deux serveurs installés sur des sites indépendants mais connectés et pouvant communiquer par messages. N'importe lequel de ces serveurs peut être consulté par des clients pour avoir accès aux nombres premiers : l'algorithme réparti est trivial si la liste est *statique*. Avec deux machines, nous tolérons la défaillance de n'importe laquelle des deux. La simplicité de l'accès à cette liste vient du fait que l'on ne modifie jamais la liste une fois dupliquée sur les deux serveurs. Mais l'utilisation est donc très restreinte et nous sommes loin de l'universalité.

Supposons maintenant que le but n'est pas de s'arrêter à 1000 mais de rajouter dynamiquement des nombres à la liste. Les choses se compliquent assez vite, même si nous supposons dans un premier temps qu'un seul client peut ajouter des nombres premiers. Considérons que ce client souhaite ajouter un nombre premier et envoie un message signifiant cet ajout aux deux serveurs. Si les serveurs répondent rapidement au client confirmant l'ajout, le client peut estimer cet ajout terminé. Mais si l'un des deux serveurs ne répond pas, le client ne peut attendre indéfiniment sa confirmation au risque de violer la propriété de robustesse si ce serveur est en panne et ne répond jamais. Il faut que ce client, soupçonnant une panne du serveur, termine son opération. Il est important de se rappeler ici que l'on ne fait aucune hypothèse sur les temps de communication. Nous reviendrons sur la difficulté de faire de telles hypothèses.

Le scénario suivant peut se produire, violant la propriété d'atomicité :

- C envoie un message rajoutant 1009 aux deux serveurs ;
- S1 confirme la mise à jour rapidement mais C n'a aucune nouvelle de S2 ;
- C considère la mise à jour terminée, supposant S2 défaillant ;
- une consultation par un client C' retourne la liste avec 1009 à partir de S2 ;
- une consultation ultérieure par un client C'' de S1 retourne la liste sans 1009 ;
- S2 répond enfin à C, confirmant la mise à jour avec 1009.

L'atomicité est violée car une telle situation, dans laquelle on voit une liste avec 1009 dans un premier temps, et sans 1009 dans un second temps, ne se produirait jamais si nous n'avions qu'une seule machine[1]. La perte de l'atomicité vient de la duplication et de l'exigence de robustesse. Rappelons-nous que perdre l'atomicité signifie que nous ne pouvons plus transposer le modèle universel d'une machine de Turing dans le cas réparti.

En fait, il est impossible d'assurer la propriété d'atomicité si l'on suppose deux serveurs dont l'un peut tomber en panne, et que l'on souhaite assurer la propriété de robustesse. De manière plus générale, cette impossibilité s'applique au cas dans lequel au moins une moitié peut être défaillante[2]. Ce résultat d'algorithmique répartie conduit à restreindre les pouvoirs de l'adversaire en supposant qu'il ne peut arrêter plus d'une *minorité* de machines. Dans ce cas, il nous faut utiliser

---

1. Le lecteur qui estime qu'il n'est pas grave de rater le nombre premier 1009 dans un deuxième temps pourrait prendre comme autre exemple la numérisation des cadastres, et imaginer que c'est l'acte notarial de l'achat de sa maison qui est perdu.

2. H. Attiya, A. Bar-Noy et D. Dolev, « Sharing memory robustly in message-passing systems », *Journal of the ACM*, vol. 42, n° 1, 1995, p. 124-142.

trois serveurs pour tolérer la défaillance de l'un des trois.

La mise à jour par un client C devrait se faire de la manière suivante :

- C envoie un message de mise à jour à tous les serveurs ;
- chaque serveur qui reçoit ce message met à jour sa liste et confirme cela à C ;
- C attend une confirmation de la mise à jour par une *majorité* ;
- C considère la mise à jour terminée.

Imaginons une consultation par un client C qui se ferait de la manière suivante :

- C envoie un message de consultation à tous les serveurs ;
- chaque serveur qui reçoit ce message retourne sa liste à C ;
- C sélectionne la plus grande liste parmi une majorité ;
- C considère la consultation terminée.

Si nous supposons qu'une majorité de machines répond toujours, alors la propriété de robustesse est assurée. Aucun client ne reste bloqué indéfiniment. Par ailleurs, le scénario précédent qui viole l'atomicité ne peut plus se produire du fait que l'intersection de deux majorités n'est jamais vide. Si un client vient consulter les serveurs après la fin d'une mise à jour, il ne peut rater la dernière liste.

Une deuxième difficulté :
le compromis avec la complexité

Si la consultation du client et la mise à jour sont concurrentes, la propriété d'atomicité n'est plus assurée, comme le démontre le scénario suivant impliquant trois serveurs :

- C envoie un message de mise à jour avec 1009 à trois serveurs ;
- S1 reçoit ce message plus vite que S2 et S3 ;
- un client C' envoie un message de consultation aux trois serveurs ;
- S1 répond à C' avec 1009 alors que S2 répond sans ;
- C' termine sa consultation avec une liste contenant 1009 ;

- un client C'' envoie alors un message de consultation aux serveurs ;
- S2 et S3 répondent à C'' mais sans 1009 ;
- C'' termine sa consultation sans 1009.

L'atomicité est violée. Pour préserver cette propriété, la consultation doit se faire en deux phases : une de *lecture* et une d'*écriture*.

- le client C envoie un message de consultation à tous les serveurs ;
- chaque serveur qui reçoit ce message retourne sa liste à C ;
- C sélectionne la plus grande liste parmi une majorité ;
- C envoie un message de mise à jour à tous les serveurs avec cette liste ;
- chaque serveur qui reçoit ce message met à jour sa liste et confirme cela à C ;
- C attend une confirmation de la mise à jour une majorité ;
- C considère la consultation terminée.

Ce nouvel algorithme évite le problème précédent. Le client C' qui retourne une liste avec 1009 s'assure qu'au moins deux serveurs ont 1009. Le client C'' ne peut alors retourner une liste sans 1009. Nous obtenons un algorithme plus *complexe* que celui imaginé initialement, alors même que nous ne considérons qu'une mise à jour d'une liste de nombres et que cette mise à jour ne peut être faite que par un seul client.

Cette notion de *complexité* est différente de celle utilisée en algorithmique classique, qui consiste à mesurer le nombre d'instructions élémentaires exécutées par l'algorithme en fonction de la taille des données. L'instruction qui consiste à envoyer un message coûte beaucoup plus que n'importe quelle instruction locale (à part parfois le stockage sur disque). Dans un algorithme réparti, nous mesurons typiquement le nombre de messages envoyés en fonction du nombre total de machines. L'algorithme ci-dessus nécessite pour chaque consultation 4N messages (N étant le nombre de serveurs). Il est légitime de se demander s'il est possible de concevoir un algorithme de consultation sans aucune modification des copies et en un seul échange de messages entre le client qui consulte la liste des nombres premiers et les serveurs contenant les copies de ces nombres premiers. La réponse est négative. On peut prouver qu'une telle optimisation est impossible[1]. Ce résultat d'algorithmique répartie s'applique à toutes les structures de données qui peuvent être consultées et mises à jour. Pour assurer les propriétés de robustesse et d'atomicité, chaque consultation doit inclure une modification et s'avère ainsi coûteuse. Cela est vrai quel que soit l'algorithme de mise à jour utilisé par ailleurs.

Troisième difficulté : les mises à jour concurrentes

Supposons maintenant que plusieurs ordinateurs travaillent en parallèle pour trouver des nombres premiers et peuvent ajouter ces nouveaux nombres (nous reviendrons sur cette parallélisation plus loin). Dans ce cas, l'algorithme que nous venons de voir pourrait violer la propriété d'atomicité, même en

---

1. P. Dutta, R. Levy, M. Vukolić et R. Guerraoui, « Fast access to distributed atomic memory », *SIAM Journal on Computing*, vol. 39, n° 8, 2010, p. 3752-3783.

supposant une majorité de serveurs fiables et une consultation qui met à jour les serveurs.

En effet, supposons qu'un client ajoute le nombre premier 1009 tandis qu'un autre client ajoute de manière concurrente 2003. Il est possible qu'un client retourne une liste avec le nombre 1009 et sans 2003, tandis qu'un autre client retourne une liste avec 2003 et sans 1009. Cette violation de l'atomicité vient du fait que les serveurs peuvent enregistrer les mises à jour dans des ordres différents.

Nous pourrions imaginer que l'un des serveurs agit comme un séquenceur pour décider de l'ordre dans lequel les autres serveurs effectuent les mises à jour. Si ce séquenceur tombait en panne, il serait remplacé. Mais avec un réseau asynchrone, les autres serveurs ne peuvent jamais être sûrs que ce séquenceur est vraiment en panne. Nous pourrions nous retrouver avec plusieurs séquenceurs et donc des décisions contradictoires. En fait, le problème devient impossible, et cela même si l'on suppose que tous les serveurs sauf un sont toujours fiables. Cette impossibilité est liée à un résultat fondamental de l'algorithmique répartie : l'impossibilité du *consensus*[1] – nous y reviendrons.

3. Informatique répartie : l'infiniment petit

Révolution parallèle

Après les premières mises en œuvre des ordinateurs suivant le modèle universel de Turing, les vitesses d'exécution des processeurs se sont accélérées exponentiellement : c'est la fameuse conjecture de Moore, vérifiée empiriquement pendant des décennies.

Pour les développeurs d'algorithmes, cette accélération des performances était une bénédiction. Une ode à la patience. Il suffisait d'attendre quelques mois pour qu'un programme aille deux fois plus vite. Régulièrement, un nouveau processeur arrivait, deux fois plus rapide que le précédent. L'ancien et le nouveau processeur étant tous les deux construits

1. M. Fisher, N. Lynch et M. Paterson, « Impossibility of consensus with one faulty process », *Journal of the ACM*, vol. 32, n° 2, 1985, p. 374-382.

suivant le modèle universel de Turing, la différence se traduisait principalement par la fréquence d'horloge.

Le fabricant qui avait vendu l'ordinateur doté de l'ancien processeur déclarait ne plus pouvoir le maintenir et nous étions donc obligés de changer d'ordinateur, et donc de processeur. Parfois douloureux pour les services financiers des entreprises, le résultat était néanmoins une aubaine pour les informaticiens : une accélération exponentielle des performances avec les mêmes algorithmes. Rien ne devait être changé à l'algorithme. Ainsi est allée l'informatique jusqu'à récemment.

Mais du fait de la chaleur dégagée par les transistors et des difficultés à mettre en œuvre des mécanismes de refroidissement appropriés, les constructeurs d'ordinateurs ne pouvaient plus continuer à augmenter les fréquences d'horloge des processeurs. Ces constructeurs ont adopté depuis deux décennies une autre stratégie : multiplier les processeurs dans un même ordinateur. Il s'est alors agi de construire des machines multiprocesseurs et de promouvoir des calculs parallèles pour accélérer les performances. Au fil des années, de plus en plus de processeurs, chacun ayant les capacités d'une machine de Turing, ont été connectés dans un espace matériel de plus en plus restreint. Le réseau obtenu est petit par la taille, mais pas par le nombre de processeurs qu'on y connecte, jusqu'à plusieurs centaines aujourd'hui. Nous nous retrouvons, à l'intérieur de chaque ordinateur moderne, avec un réseau de machines de Turing communiquant par mémoire partagée.

L'impact de ce changement de stratégie sur le travail des algorithmiciens n'a pas été anodin. Il a fallu décomposer les algorithmes en plusieurs tâches parallèles. L'ode à la patience s'est muée en ode à l'algorithmique répartie, comme nous allons l'illustrer ici.

Retour aux nombres premiers : comment les trouver efficacement ?

Considérons maintenant le problème consistant à trouver le plus rapidement possible tous les entiers naturels jusqu'à 100 milliards. Nous supposons disposer d'un algorithme qui effectue un test de primalité : étant donné un nombre entier, l'algorithme nous dit si ce nombre est premier ou pas. Nous disposons par ailleurs d'un ordinateur doté de 10 processeurs. Chaque processeur est lui-même une machine de Turing qui peut exécuter l'algorithme de primalité. Idéalement, à chaque instant, tous les processeurs devraient être en activité sur des nombres différents pour tous les parcourir jusqu'à 100 milliards et trouver ceux d'entre eux qui sont premiers, le plus rapidement possible.

Une idée naturelle consiste à attribuer les nombres impairs aux processeurs *a priori*. On peut par exemple utiliser les 10 processeurs de la manière suivante : le premier pour les nombres entre 10 et 10^2, le deuxième pour les nombres entre 10^2 et 10^3, le troisième pour aller jusqu'à 10^4, et ainsi de suite jusqu'à 10^{11}. Nous aurons parallélisé le travail, certes. Si le but est d'aller plus vite qu'une seule machine, il est atteint. Mais cette parallélisation est loin d'être idéale.

En effet, déterminer si des nombres sont premiers est une tâche *asynchrone* (dans un sens analogue mais pas similaire à celui du réseau asynchrone évoqué précédemment). En effet, parfois il est facile de savoir si un nombre n'est pas premier, mais parfois cela est beaucoup plus compliqué. Par ailleurs, la tâche est systématiquement plus ardue pour des grands nombres. Il est donc plus que probable que le processeur chargé des nombres entre 10 et 100 termine plus vite que celui chargé des nombres proches du milliard. Ce processeur restera sans rien faire pendant longtemps. Nous pourrions tenter une attribution plus équitable et obtenir un parallélisme plus efficace dans lequel les processeurs travaillent tous le plus possible.

Mais il y a un autre problème. Dans une même architecture, les processeurs vont rarement à la même vitesse. Le système d'exploitation fait souvent des choix qui ralentissent certains processeurs au profit d'autres. Ces choix ne sont pas dictés par le programmeur mais par la gestion de la mémoire. En cas de *faute de cache mémoire* par exemple, un processeur peut être ralenti de dix instructions par rapport aux autres ; en cas de *faute de page mémoire*, il est ralenti de plusieurs millions d'instructions ; en cas de *préemption*, il est ralenti de centaines de millions d'instructions. Même quand deux processeurs ont exactement les mêmes composants matériels et doivent effectuer exactement la même tâche avec les mêmes données, ils vont donc rarement à la même vitesse et les différences sont parfois énormes. La notion d'*adversaire asynchrone* permet de modéliser cela, comme pour le cas de l'envoi des messages. Dans le cas d'une architecture multiprocesseur, l'adversaire peut décider de ralentir certains processeurs par rapport à d'autres autant qu'il le désire.

Donc, une solution qui consiste à diviser le travail à l'avance en attribuant *a priori* des nombres aux processeurs pourrait s'avérer très inefficace. En fait, dans une architecture comptant un grand nombre de processeurs, il est raisonnable de ne supposer aucune borne (inférieure ou supérieure) sur la vitesse relative de ces processeurs : d'un point de vue abstrait, c'est comme si certains pouvaient s'arrêter.

Synchronisation : un compteur partagé

Un schéma parallèle qui permet de faire travailler tous les processeurs à chaque instant consiste à leur attribuer les nombres *a posteriori*, en les *synchronisant*. Pour comprendre ce schéma, il est important de le décomposer. Nous allons supposer l'existence d'un *compteur* partagé par les processeurs que nous utiliserons pour paralléliser la recherche de nombres premiers en synchronisant les processeurs.

Le compteur que l'on considère ici est un générateur de nombres entiers positifs impairs. Il retourne, à chaque processeur qui le sollicite, un nombre entier impair *libre* que le compteur n'a encore donné à aucun processeur. Une fois que ce nombre est donné, il n'est plus libre. Le compteur commence à 3 et ne saute aucun nombre impair. Le compteur sérialise les accès : lorsque deux processeurs le sollicitent en même temps, c'est-à-dire lorsque les accès sont concurrents, le compteur répond à l'un un nombre k avant de répondre à l'autre le nombre $k + 2$.

En utilisant ce compteur, l'algorithme de calcul parallèle des nombres premiers utilisant les 10 processeurs devient assez simple. Tous les processeurs exécutent les deux instructions suivantes tant que le nombre libre donné n'est pas strictement supérieur à 100 milliards :

- solliciter le compteur pour un nouveau nombre, puis
- déterminer la primalité du nombre.

Cet algorithme se termine. De plus, jusqu'aux 10 derniers nombres libres, tous les processeurs sont systématiquement occupés. Par ailleurs, cet algorithme permet à chaque processeur qui souhaite tester la primalité d'un nombre *k* de connaître les nombres premiers qui le précèdent (il est facile de supposer qu'ils sont écrits dans la mémoire partagée).

Mise en œuvre du compteur partagé

Bien entendu, ce schéma parallèle repose sur l'existence du compteur partagé. Une manière assez radicale de se procurer un tel compteur consiste à le construire matériellement sur une machine multiprocesseur. Une autre manière consiste à réaliser ce compteur en logiciel en utilisant ce que les multiprocesseurs offrent aujourd'hui comme primitives de synchronisation.

Supposons dans le cas général que seules des variables partagées qui peuvent être écrites et lues par les processeurs sont fournies par la machine multiprocesseur. Autrement dit, les processeurs peuvent *lire* les valeurs de ces variables où *écrire* de nouvelles valeurs dans ces variables en écrasant les anciennes. Considérons une telle variable C initialisée à 1 et imaginons l'algorithme suivant utilisant C pour mettre en œuvre le compteur partagé. Chaque processeur P désirant un nombre libre exécute l'algorithme suivant :

- P lit la valeur k de C ;
- P incrémente k localement obtenant $k' = k + 2$;
- P écrit k' dans C.

Il est évident que cet algorithme ne fonctionne pas. Il faut se rappeler ici que l'adversaire peut certes retarder les processeurs les uns par rapport aux autres, mais aussi les faire avancer ensemble. Dans ce second cas, les processeurs peuvent exécuter l'algorithme de manière concurrente en lisant tous la valeur initiale de la variable C, incrémentant cette valeur 1 pour la faire passer à 3, puis écrivant tous 3 dans la variable. Cela peut se répéter continuellement. Si nous utilisons cela dans l'algorithme de recherche de nombres premiers, nous nous retrouvons dans la situation où tous les processeurs travaillent sur les mêmes nombres en même temps. Ils n'iront pas plus vite qu'une seule machine. Dans le premier cas, où l'adversaire retarde les processeurs les uns par rapport aux autres, la situation peut être pire. Un processeur P peut initialement lire la valeur 1 et mettre beaucoup de temps avant de l'incrémenter et de mettre à jour le compteur avec la valeur 3. Pendant cet intervalle de temps, d'autres processeurs pourraient avoir avancé le compteur jusqu'à une grande valeur. Le processeur pourrait alors leur faire perdre tout leur travail en remettant le compteur à 3.

Le lecteur qui a des notions de synchronisation pourrait à juste titre se demander pourquoi on n'utilise pas un *verrou* pour sérialiser l'accès aux variables ? On parle parfois de *section critique*, de *sémaphores* ou d'*exclusion mutuelle*[1]. Intuitivement, le verrou est un mécanisme permettant à un processeur de se réserver l'accès exclusif à une variable le temps d'effectuer des opérations sur cette variable. Avec un verrou, le processeur pourrait se réserver l'accès à la variable C le temps de la lire, de l'incrémenter et d'y écrire la nouvelle valeur.

Supposons que la machine multiprocesseur offre un mécanisme de verrouillage, ce qui sous-entend par ailleurs qu'elle dispose de variables plus sophistiquées que celles qui ne peuvent être que lues ou écrites. Nous y reviendrons. Cela assurerait-t-il une parallélisation efficace ? La réponse est négative. En fait, un processeur qui utilise le verrou pour se réserver l'accès au compteur le temps de choisir un nombre libre (lire, incrémenter et

1. E. W. Dijkstra, « Solution of a problem in concurrent programming control », *Communications of the ACM*, vol. 8, n° 9, 1965, p. 569. M. Raynal, *Algorithms for Mutual Exclusion*, Cambridge (Mass.), MIT Press, 1986.

écrire) pourrait ralentir les autres processeurs pendant des centaines de millions d'instructions, si ce processeur est ralenti lui-même à cause de l'asynchronisme expliqué ci-dessus. Pendant ce temps-là, aucun processeur ne pourrait travailler sur le test de primalité.

Asynchronisme

Prenons un peu de recul. La difficulté de la parallélisation vient de l'asynchronisme à la fois de la tâche à exécuter et du système d'exploitation. Alors que la première forme est liée à la nature des nombres premiers, la seconde forme est orthogonale à l'application à paralléliser.

Nous avons conduit à l'École polytechnique fédérale de Lausanne (EPFL) une expérience dans laquelle deux processeurs similaires d'un même ordinateur, P1 et P2, ne font que lire et écrire chacun en boucle leurs noms (P1 et P2) sur des variables d'une mémoire partagée. S'ils allaient à la même vitesse, ces processeurs écriraient chacun à tour de rôle son nom et nous trouverions dans la mémoire la séquence : P1, P2, P1,

P2, etc. Il se trouve que l'on peut facilement montrer que la séquence qu'ils génèrent en réalité satisfait les tests de mesure standard d'*aléatoire*[1]. Nous pourrions même envisager l'utilisation d'un tel algorithme pour mettre en œuvre des primitives de cryptographie. Ainsi, il est important de supposer que tous les entrelacements sont possibles, y compris ceux dans lesquels l'un des processeurs n'apparaît pas pendant une longue période. Cela peut être dû à une préemption comme expliqué précédemment, mais peut aussi s'apparenter à une défaillance.

Atomicité et robustesse

Revenons sur les propriétés que devrait satisfaire le compteur partagé afin d'atteindre une parallélisation efficace :

---

1. K. Antoniadis, P. Blanchard, R. Guerraoui et J. Stainer, « The entropy of a distributed computation random number generation from memory interleaving », *Distributed Computing*, vol. 31, n° 5, 2018, p. 389-417.

- donner un nouveau nombre à chaque processeur ;
- se comporter comme un compteur auquel a accédé un processeur à la fois.

La première propriété stipule que le compteur ne doit être bloqué par aucun processeur. En fait, dans un système à N processeurs, même si N-1 processeurs sont bloqués (« défaillants » au sens de « asynchrones »), le énième processeur doit pouvoir accéder au compteur. Cela correspond à la propriété de *robustesse* abordée précédemment dans le contexte d'un réseau fondé sur les envois de messages. Indirectement, cette propriété implique que l'état du compteur doit être à chaque instant dupliqué pour tous les processeurs. Avec cette perspective, la seconde propriété s'apparente à la propriété d'*atomicité* dans le contexte des envois de messages.

Toute solution reposant sur un mécanisme de verrou viole la propriété de *robustesse*. Par ailleurs, la mise en œuvre d'un compteur partagé qui assure les deux propriétés est impossible si l'on ne dispose que de variables ne pouvant être que lues et écrites. Ce résultat est aussi lié à l'impossibilité du consensus dans le cas asynchrone entre processeurs (machines de Turing) communiquant par des variables pouvant être lues et écrites[1]. Nous en parlerons plus en détails dans la section suivante.

4. Universalités

Le double rôle du consensus

Connecter un ensemble de machines de Turing par un réseau d'échange de messages permet donc de construire une machine qui stocke de manière robuste des nombres premiers, ou toute autre structure de données, avec la possibilité d'en rajouter dynamiquement. Tant qu'une seule machine peut modifier l'information stockée, tout va bien. Mais dès que deux machines peuvent le faire de

1. M. C. Loui et H. H. Abu-Amara, « Memory requirements for agreement among unreliable asynchronous processes », *Advances in Computing Research*, vol. 4, Greenwich (É.-U.), JAI Press, 1987, p. 163-183.

manière concurrente, l'abstraction d'une machine universelle est perdue.

Par ailleurs, connecter un ensemble de machines de Turing à travers une architecture multiprocesseur permet de trouver des nombres premiers plus rapidement que si l'on ne dispose que d'une seule machine, en parallélisant le problème de manière statique. Mais si l'on veut vraiment tirer parti du parallélisme et éviter que des processeurs soient inutilisés, il nous faut paralléliser dynamiquement la recherche des nombres premiers et mettre en œuvre des objets de synchronisation, tel un compteur. Mais cette mise en œuvre est impossible si la mémoire partagée de la machine multiprocesseur ne dispose que de variables ne pouvant être que lues et écrites par des opérations séparées. Une telle machine n'est pas universelle non plus.

La perte de l'universalité, dans les deux cas, s'explique par les théorèmes d'impossibilité du consensus. Dans le premier cas, il s'agit d'une impossibilité dans un contexte de communication par envois de messages (démontrée en 1985) et, dans le second, de l'adaptation de ce résultat d'impossibilité dans le contexte de la mémoire partagée (réalisée en 1987). Le consensus joue ici le rôle de condition *nécessaire* à l'universalité et son impossibilité implique l'impossibilité de cette universalité.

Ces deux théorèmes d'impossibilité sont des résultats fondamentaux de l'algorithmique répartie. Un autre résultat important de cette discipline, qui permet de retrouver cette universalité, du moins sous une forme restreinte ou sous certaines hypothèses spécifiques, est aussi lié au consensus. Il s'agit du théorème d'universalité du consensus, qui stipule que toute solution à ce problème permet d'obtenir une machine universelle répartie[1]. Le consensus joue ici le rôle de condition *suffisante* à l'universalité.

Afin de mieux comprendre ces résultats, il est important de s'arrêter sur la définition du problème du consensus.

1. L. Lamport, « Time, clocks, and the ordering of events in a distributed system », *Communications of the ACM*, 1978. F. Schneider, « Implementing fault-tolerant services using the state machine approach », *ACM Computing Surveys*, vol. 22, n° 4, 1990, p. 299-319.

Au cœur du consensus

Dans le problème du consensus, chaque machine a une valeur *initiale*, inconnue *a priori* des autres machines. Les machines doivent décider d'une même valeur *finale*. Les trois propriétés suivantes doivent être satisfaites :

- validité : toute valeur décidée est une valeur initiale ;
- accord : les décisions sont les mêmes ;
- terminaison : toute machine non défaillante décide une valeur.

Pour comprendre le lien entre ce problème et la mise en réseau de machines de Turing, rappelons-nous que ces machines ont des états et des opérations (des tables ou des automates). Pour simplifier la présentation, nous supposons ici que ces opérations sont déterministes : invoquée avec les mêmes paramètres d'entrée et sur le même état (par des clients), une opération retourne toujours le même paramètre de sortie et produit toujours le même nouvel état.

Supposons que des machines peuvent résoudre le problème du consensus. Il est alors possible de les mettre en réseau de la manière suivante en partant d'un statut original où le même état initial est dupliqué sur toutes les machines :

(1) dès qu'une machine est sollicitée par une opération, elle en informe les autres ;
(2) toutes les machines se mettent d'accord sur la prochaine opération à exécuter en utilisant le consensus ;
(3) la machine sollicitée par l'opération retourne le résultat.

Pour comprendre la première et la troisième étape, il est important de revenir à la notion de perception par des ordinateurs clients qui invoquent des opérations sur la machine répartie sur des serveurs. L'opération invoquée ici par un client serait par exemple la consultation de la liste des nombres premiers, l'ajout d'un nouveau nombre premier, le retrait sur un compte bancaire, la demande d'un nombre libre sur un compteur, etc. Il est important de noter aussi que nous faisons abstraction du moyen de communication entre machines. Par exemple, dans la première étape, une machine peut informer les autres en leur envoyant un message ou en utilisant une variable partagée. Dans la troisième étape, le client reçoit une réponse à son invocation d'opération par la machine perçue, telle que la nouvelle liste des nombres premiers.

La deuxième étape est celle qui utilise le consensus. En fait, à chaque exécution de cette étape, une nouvelle instance du consensus est exécutée et utilisée pour choisir une seule opération : la prochaine à exécuter. Bien entendu, les machines serveurs utilisent la même séquence d'instances du consensus. Comme nous supposons que les opérations sont déterministes, les états des serveurs évoluent de la même manière (le cas non-déterministe est possible mais un peu plus compliqué, c'est pourquoi nous l'omettons ici).

Ces trois étapes assurent la propriété d'atomicité de la machine perçue car les états des différentes machines sous-jacentes évoluent comme une seule grâce à la propriété d'accord du consensus. La propriété de robustesse découle du fait que le consensus assure qu'une valeur (opération) sera toujours décidée (terminaison), même en cas de défaillance de certaines des machines ou d'invocations concurrentes par les clients. Bien entendu, ces trois étapes ne font aucune hypothèse sur la nature de la machine répartie. Il peut s'agir d'une liste de nombres premiers, comme d'un compteur ou d'un compte bancaire. La propriété de validité du consensus assure que ce sont les opérations des clients qui seront exécutées. La construction est universelle.

Par ailleurs, si des machines peuvent être mises en réseau et produire une machine de Turing fiable, ces machines peuvent résoudre le problème du consensus. L'opération de la machine dupliquée consiste à choisir de manière déterministe l'une des valeurs initiales, par exemple par ordre lexicographique. Ainsi, la résolution du consensus est une condition nécessaire et suffisante à l'obtention d'une machine universelle. Le consensus est appelé « abstraction universelle ». L'universalité d'un réseau d'ordinateurs se mesure à sa capacité à résoudre le problème du consensus. Cela est vrai aussi bien dans le cas de communications par envoi de messages que dans le cas de communication par mémoire partagée.

La construction universelle en trois étapes présentée ci-dessus est le fondement de beaucoup de systèmes informatiques répartis. Plusieurs formes de cette construction sont utilisées aussi bien par Google et Amazon que par la Blockchain. La différence réside dans la manière de résoudre le problème du consensus.

Mais qu'en est-il de la résolution du problème du consensus? C'est ce que nous allons explorer maintenant. Nous commencerons dans un premier temps par revenir sur les cas où le consensus est impossible.

Théorème d'impossibilité du consensus : le cas de l'envoi de messages

Considérons dans un premier temps un réseau de machines communiquant par envoi de messages. Un message envoyé par une machine à une autre machine arrive à destination si aucune des deux machines communicantes n'est défaillante. Mais on ne suppose aucune borne sur le temps de communication. L'adversaire est asynchrone. L'adversaire peut retarder un message le temps qu'il veut, voire indéfiniment en arrêtant l'une des machines.

Dans ce contexte, Fisher, Lynch et Paterson (FLP) ont démontré en 1985 que l'on ne peut résoudre le consensus même si une seule machine parmi un très grand nombre est potentiellement défaillante[1]. Ce résultat s'applique même s'il s'agit de décider seulement d'une valeur binaire (les valeurs initiales et finales étant alors 0 ou 1).

L'approche qu'ils ont adoptée est la suivante. L'adversaire peut choisir 0 ou 1 comme valeur initiale des machines. Si l'adversaire choisit 0 comme valeur initiale de toutes les machines, les machines doivent décider 0. De manière analogue, si l'adversaire choisit 1 comme valeur initiale de toutes les machines, celles-ci doivent décider 1. Néanmoins, si l'adversaire donne des valeurs initiales différentes aux machines, les deux valeurs de décision sont possibles.

---

1. M. J. Fisher, N. A. Lynch et M. S. Paterson, « Impossibility of distributed consensus with one faulty process », *art. cit.*

Pour avoir une intuition de ce résultat d'impossibilité, considérons le cas de deux machines M1 et M2 et prenons un algorithme qui privilégie *a priori* la valeur de la machine M1, valeur inconnue *a priori* de M2.

- M1 envoie sa valeur à M2 ;
- M2 attend la valeur de M1 qui est retardée par l'adversaire ;
- M2 ne peut prendre le risque d'attendre le message de M1 indéfiniment car l'adversaire pourrait arrêter M1 : M2 ne déciderait jamais ;
- M2 ne peut pas prendre le risque de décider sa propre valeur car M1 pourrait ne pas être défaillante : M1 et M2 décideraient des valeurs différentes.

Prouver ce résultat formellement n'est pas trivial. La preuve consiste à montrer d'abord que l'état dans lequel les machines ont des valeurs initiales différentes est *bivalent* au sens où les deux décisions sont encore possibles ; ensuite, que l'adversaire peut continuer à faire passer les machines d'un état bivalent à un état bivalent, indéfiniment.

Théorème d'impossibilité du consensus : le cas de la mémoire partagée

Loui et Abou Amara, deux ans après Fisher, Lynch et Paterson, ont prouvé que le consensus était tout aussi impossible entre machines (processeurs) partageant une même mémoire[1]. Leur résultat s'applique au cas où la mémoire est constituée de variables ne pouvant être que lues et écrites par des opérations différentes issues de machines asynchrones : on ne fait aucune hypothèse sur les vitesses relatives des machines. En particulier, une machine peut mettre un temps indéterminé pour écrire ou lire une valeur dans une variable partagée. Le pouvoir de l'adversaire ici consiste à retarder une machine, potentiellement à l'infini.

Pour avoir une intuition de l'impossibilité, qui est une reformulation de FLP, prenons de nouveau le cas de deux machines, P1 et P2. Supposons le cas où, par défaut, c'est la valeur de P1 qui est privilégiée :

---

1. M. C. Loui et H. H. Abu-Amara, « Memory requirements for agreement among unreliable asynchronous processes », art. cité.

- P1 écrit sa valeur dans une variable partagée : l'adversaire retarde cette écriture ;
- P2 lit la variable partagée et ne trouve rien ;
- si P2 n'attend pas et décide sa propre valeur, P2 risque de décider une valeur différente de celle décidée par P1 ;
- si P1 attend, il risque d'attendre indéfiniment.

Résolution du consensus :
hypothèses sur le temps

Depuis les travaux de Fisher, Lynch et Paterson en 1985, une grande partie des travaux en algorithmique répartie s'est focalisée sur la question fondamentale qui consiste à contourner l'impossibilité du consensus. Comme nous l'avons mentionné, résoudre le problème de consensus implique de construire une machine répartie universelle. Plusieurs pistes ont été explorées. Parmi celles-ci, la remise en cause de l'hypothèse de l'asynchronisme a été très prolifique.

En effet, l'impossibilité du consensus repose en partie sur le fait que les machines sont asynchrones et, en particulier, sur le fait qu'aucune machine ne peut distinguer si une autre machine est défaillante ou juste lente. La preuve de l'impossibilité repose sur cette incertitude. Si l'on suppose un système synchrone avec une borne maximale T sur les temps de communication, le consensus devient facile. La machine M1 informe M2 de sa valeur. Si la machine M2 n'entend pas parler de M1 au bout de 2*T (un temps suffisant pour l'envoi du message et de la réponse), M2 décide sa propre valeur. Mais une telle hypothèse de synchronisme est trop forte. D'une part, les communications sont parfois anormalement lentes en réalité, du fait de coupures du réseau et de surcharges des ordinateurs. Ne recevons-nous pas parfois des messages le lendemain de leur envoi ? Dans ce cas, la borne supérieure T peut être violée. D'autre part, T est une borne supérieure, typiquement choisie de manière conservatrice, ce qui conduit à ralentir les opérations, puisque chaque mise à jour doit attendre 2*T dans le cas où une machine est défaillante.

Les chercheurs en algorithmique répartie ont étudié le synchronisme minimal suffisant à la résolution du consensus. Il se trouve qu'un *zeste* de synchronisme est suffisant. Si l'on suppose par exemple une borne maximale, le temps de communications entre les machines, même si cette borne (a) est inconnue de ces machines, et (b) n'est vérifiée qu'après un certain temps, temps inconnu lui aussi des machines, le consensus devient possible[1]. Les algorithmes de consensus utilisant ce zeste de synchronisme sont compliqués : ils ont été proposés vers la fin des années 1980 par Leslie Lamport, ainsi que par les équipes de Barbara Liskov et Nancy Lynch au MIT, ou encore celle de Sam Toueg, professeur à l'université de Cornell à l'époque.

L'idée sous-jacente à tous ces algorithmes de consensus consiste à s'assurer que les machines ne décident jamais de valeurs différentes pendant la période où la borne sur les

1. C. Dwork, N. Lynch et L. Stockmeyer, « Consensus in the presence of partial synchrony », *Journal of the Association for Computing Machinery*, vol. 35, n° 2, 1988, p. 288-323.

communications n'est pas satisfaite. Cette propriété, appelée *indulgence*[1], repose, dans le cas d'un réseau à base d'envois de messages, sur un mécanisme de quorum, typiquement à base de majorités. Il est alors possible de supposer une borne supérieure sur les communications assez petite, permettant de réagir rapidement aux défaillances. Cette borne peut ensuite être augmentée dans le cas de fausses suspicions. Lorsque la borne est respectée, les machines sont alors sûres de décider : la subtilité ici est que les machines n'ont pas besoin de savoir quand cette borne est assurée, ni d'en connaître la valeur.

De nombreux systèmes informatiques répartis aujourd'hui reposent sur l'hypothèse d'un zeste de synchronisme et l'un des algorithmes les plus utilisés pour résoudre le consensus et construire une machine de Turing répartie fiable est le fameux Paxos[2],

1. R. Guerraoui, « Indulgent algorithms », *Proceedings of the Nineteenth Annual ACM Symposium on Principles of Distributed Computing*, New York, ACM, 2000, p. 289-297.

2. L. Lamport, « The part-time parliament », *ACM Transactions on Computer Systems*, vol. 16, n° 2, 1998, p. 133-169.

du nom d'une île grecque dont le parlement aurait fonctionné sous forme de consensus entre des parlementaires « asynchrones » la plupart du temps.

Cette approche a été formalisée en encapsulant les hypothèses sur le synchronisme sous forme de fonctions appelées *détecteurs de défaillances*[1]. Intuitivement, un détecteur de défaillances est une fonction accessible aux machines, qui leur donne des indications sur le schéma de défaillance choisi par l'adversaire. Le détecteur *parfait* est celui qui donne aux machines le schéma de défaillances exact. Un tel détecteur peut être mis en œuvre dans le cas synchrone. Un détecteur *finalement parfait* donne ce schéma à partir d'un moment donné, inconnu *a priori* des machines. Un tel détecteur peut être mis en œuvre dans le cas d'un synchronisme faible. Un détecteur encore plus faible donne le bon schéma à un sous-ensemble de machines, ou au sujet d'un sous-ensemble de machines.

---

1. T. Chandra et S. Toueg, « Unreliable failure detectors for reliable distributed systems », *Journal of the ACM*, vol. 43, n° 2, 1996, p. 225-267.

De nombreuses fonctions peuvent être définies et hiérarchisées. La question du détecteur minimal, au sens où la fonction donne le minimum d'informations possible sur les défaillances, pour résoudre un problème réparti comme le consensus, a été étudiée pendant près de deux décennies[1].

Une autre manière d'utiliser le temps est de faire en sorte que les machines cherchent à résoudre un puzzle très difficile et nécessitant une recherche aléatoire, de choisir la valeur de la machine qui réussit à le résoudre, et de laisser une longue période entre deux décisions pour identifier les conflits. C'est ce que fait la Blockchain.

Résolution du consensus : hypothèses sur le matériel

À part l'asynchronisme, l'impossibilité du consensus repose aussi sur le mode de communication : messages ou variables partagées

1. T. Chandra, V. Hadzilacos et S. Toueg, « The weakest failure detector for solving consensus », *Journal of the ACM*, vol. 43, n° 4, 1996, p. 685-722.

ne pouvant être que lues ou écrites par des opérations différentes. Une autre approche pour contourner l'impossibilité du consensus a consisté à utiliser des primitives (opérations) de communication plus sophistiquées.

Un exemple intéressant est celui de machines multiprocesseurs disposant, en plus des variables partagées qui ne peuvent être que lues ou écrites, de variables qui peuvent aussi être *comparées-et-échangées* en une seule opération, c'est-à-dire sans interruption. L'utilisation d'une telle variable se fait de la manière suivante. Supposons que cette variable V a une valeur initiale I. Le processeur qui souhaite *comparer-et-échanger* V l'invoque avec deux paramètres I1 et I2. Si le premier de ces paramètres I1 est égal à I (la valeur initiale de V), cette valeur est modifiée et devient le second paramètre I2. Autrement dit, la variable V prend la valeur I2. Sinon, la valeur de la variable partagée V n'est pas modifiée : elle reste I. Dans les deux cas, l'ancienne valeur I de la variable partagée est retournée au processeur qui a invoqué l'opération. Ce processeur sait donc si son échange a été effectué ou pas.

Avec une variable V qui peut être *comparée-et-échangée*, le consensus peut être mis en œuvre de la manière suivante. On suppose que la valeur initiale I ne fait pas partie des valeurs initiales des processeurs dans le contexte du consensus. Un processeur P1 avec une valeur initiale I1 pour le consensus invoque la variable partagée avec la paire (I, I1). Si la variable partagée retourne I, le processeur décide sa valeur I1. Si une autre valeur I2 est retournée, le processeur décide cette valeur I2. Cela signifie qu'un autre processeur P2 a déjà mis sa valeur I2 dans la variable partagée à la place de I.

5. Universalités restreintes

Nous avons décrit ci-dessus deux étapes clés pour atteindre l'universalité dans un système réparti : la résolution du problème du consensus et l'application du théorème d'universalité du consensus.

Parfois, on ne peut pas résoudre le consensus, comme nous l'avons vu pour le cas asynchrone. Quand bien même des hypothèses qui permettent la résolution du consensus sont satisfaites, le coût de la résolution peut s'avérer élevé. Dans certains cas, le nombre de messages nécessaires à la résolution est élevé[1]. Dans d'autres cas, c'est l'accès à la mémoire partagée nécessaire à la résolution du consensus qui est lent. Mais comment classer précisément les problèmes plus faibles que le consensus que nous pourrions, ou préférerions, résoudre, et en déduire de nouveaux théorèmes d'universalité? Plusieurs pistes ont été explorées. Nous allons en décrire deux, étudiées depuis les années 2000.

Mais auparavant, il est important de noter aussi qu'il y a des cas dans lesquels c'est le théorème d'universalité du consensus que l'on ne peut pas appliquer. Le rôle de l'algorithmique répartie est aussi de définir des formes d'universalité alternatives pour de tels cas. Nous reviendrons sur cela plus loin.

---

1. En fait, on peut déduire du théorème d'impossibilité du consensus dans le cas asynchrone des bornes minimales sur le nombre d'étapes de communication nécessaires à la résolution du consensus quand on suppose un zeste de synchronisme.

Consensus-K

Au début des années 2000, Maurice Herlihy posa la question suivante : si l'on ne peut pas résoudre le consensus entre les N machines du système, pourquoi ne pas se contenter de le résoudre entre K < N machines[1] ? Il est facile de faire en sorte que chaque machine se mette d'accord avec elle-même. Autrement dit, le cas K = 1 est trivial. Entre N et 1, on peut définir une hiérarchie. Pour l'illustrer, considérons le contexte multiprocesseur. Chaque type de variable de synchronisation peut être caractérisé par un entier : le nombre maximal de machines (processeurs) qui peuvent résoudre le consensus en utilisant des variables de ce type, en dépit de l'asynchronisme et de la défaillance d'un nombre quelconque de machines. Ce nombre est appelé le *nombre-consensus* du type. Il se trouve que, pour chaque entier K, on peut définir un type de variable qui a comme *nombre-consensus* K. On obtient une hiérarchie

1. M. Herlihy, « Wait-free synchronization », *ACM Transactions on Programming Languages and Systems*, vol. 13, n° 1, 1991, p. 124-149.

avec, au sommet, le type de variables qui peuvent être *comparées-et-échangées* et qui permettent de résoudre le consensus parmi un nombre quelconque de machines et, en bas de la hiérarchie, le type de variables qui ne peuvent être que lues et écrites. Entre les deux, on trouve parfois des types très intéressants comme celui d'une variable qui peut être *testée-et-réinitialisée*. Sa valeur initiale est 0. La première machine qui y accède la met à 1 et obtient en retour la valeur 0. Les autres obtiennent la valeur 1. Cette variable permet de résoudre le consensus entre exactement deux processeurs, pas plus. Nous obtenons une forme d'universalité restreinte dans des sous-ensembles du réseau.

La question de la robustesse de la hiérarchie est particulièrement intéressante. Étant donné deux types de variables T1 et T2 avec des nombres-consensus K1 et K2, le type obtenu en composant T1 et T2 peut-il avoir un nombre-consensus K strictement supérieur à K1 et K2 ? Dans le cas où les types peuvent ne pas être déterministes, la réponse est positive. Dans le cas où les types sont déterministes, la question est encore ouverte.

Une telle hiérarchie fait sens aussi dans le cas d'un réseau où les ordinateurs communiquent par messages, même si dans certains contextes, elle s'aplatit, et l'on se retrouve avec un nombre restreint de niveaux[1].

K-consensus

Soma Chaudhuri avait initié une autre approche, tout aussi élégante, également au début des années 2000. La question qu'elle considérait était la suivante : si on ne peut pas se mettre d'accord sur une seule valeur, pourquoi ne pas se mettre d'accord sur K valeurs? On parle alors de K-consensus[2]. Le cas trivial ici est celui où K = N. Lorsque K = 1, on obtient le consensus. Dans ce cas

---

1. C. Delporte, H. Fauconnier et R. Guerraoui, « Tight failure detector bounds on atomic object implementations », *Journal of the ACM*, vol. 57, n° 4, 2010, article n° 22.

2. S. Chaudhuri, « Agreement is harder than consensus: set consensus problems in totally asynchronous systems », *PODC'90: Proceedings of the Ninth Annual ACM Symposium on Principles of Distributed Computing*, New York, ACM, 1990, p. 311-324.

aussi, on retrouve une hiérarchie stricte : le K-consensus est un problème strictement plus difficile que le (K+1)-consensus. L'étude du problème du K-consensus a permis d'établir des liens très intéressants entre l'algorithmique répartie et la topologie algébrique. Il a été démontré par exemple que l'impossibilité du K-consensus dans un système à K+1 processeurs se réduit au théorème de Sperner[1].

Le K-consensus permet d'établir une universalité restreinte intéressante. Nous avons pu démontrer que si N machines pouvaient résoudre le K-consensus, alors cela pouvait permettre d'obtenir l'abstraction de K machines de Turing dont au moins une serait robuste[2]. Dans le cas où K = 1, on retrouve l'universalité classique avec robustesse. Dans le cas où K = N, on retrouve l'universalité classique sans robustesse. Entre les deux s'établit un compromis entre robustesse et degré de coopération.

---

1. M. Herlihy, N. Shavit, M. Saks, F. Zaharoglou, E. Borrowski et E. Gafni, « Set-agreement impossibility », Godel Prize 2014.

2. E. Gafni et R. Guerraoui, « Generalized universality », *in* J. P. Katoen et B. König (dir.), *Concur 2011: Concurrency Theory*, Heidelberg, Springer, 2011, p. 17-27.

Anonymat et malice

Le théorème d'universalité du consensus repose sur deux hypothèses importantes : les machines (a) sont *identifiées* et (b) ne *mentent pas*. Par exemple, les machines impliquées dans la construction d'une machine universelle peuvent certes être défaillantes, mais pas au point d'inventer des opérations qui n'ont été invoquées par aucun client, comme l'ajout d'un faux nombre premier. Par ailleurs, les machines doivent pouvoir s'identifier auprès des autres pour se communiquer les opérations à exécuter.

Parfois on souhaite construire un système réparti dans lequel les machines sont anonymes. Elles ne divulguent pas d'identité. Dans un tel réseau anonyme, le théorème d'universalité du consensus ne s'applique pas. Nous pouvons certes définir une forme de consensus anonyme, mais ce dernier n'est plus universel. D'autres formes d'universalité peuvent être définies[1].

1. R. Guerraoui et E. Ruppert, « What can be implemented anonymously? », *in* P. Fraigniaud (dir.), *Distributed Computing*, Heidelberg, Springer, 2005, p. 244-259.

De même, si on suppose qu'une machine peut être malicieuse au point de corrompre les opérations invoquées, le théorème d'universalité du consensus ne s'applique pas non plus. Dans ce cas aussi, on peut définir des formes de consensus intéressants (on parle de « consensus byzantins ») et étudier leur solvabilité avec des formes de quorums élargis. Mais ils ne sont pas universels. D'autres formes d'universalité sont plus appropriées[1].

Conclusion

Les algorithmes existent depuis que les êtres humains essaient de calculer. Dans les temps anciens, le calculateur qui exécutait l'algorithme était l'humain lui-même. Au Moyen Âge, des machines exécutant des

---

R. Guerraoui, « Names Trump malice: Tiny mobile agents can tolerate Byzantine failures », *ICALP 2009: Automata, Languages and Programming*, Heidelberg, Springer, 2009, p. 484-495.

1. P.-L. Aubin, R. Guerraoui, N. Knezevic, V. Quéma et M. Vukolic, « The next 700 BFT protocols », *ACM Transactions on Computer Systems*, vol. 32, n° 4, 2015, article n° 12.

algorithmes à notre place firent leur apparition. Les premières machines étaient très spécialisées et chacune ne pouvait exécuter qu'une petite classe d'algorithmes. Mais, en 1936, Alan Turing proposa l'architecture d'une machine qui pouvait calculer tout ce qui est calculable. Sa machine *universelle*, exécutant tous les algorithmes possibles et imaginables, donna naissance à un outil fantastique que l'on a appelé depuis l'*ordinateur*, et à une science consacrée à sa compréhension, l'*informatique*. Sans cette universalité, il nous serait impossible aujourd'hui d'étudier, de maîtriser et d'enseigner cette science, en faisant abstraction des détails technologiques sous-jacents qui évoluent à très grande vitesse depuis près d'un siècle. Cette science informatique est celle qui a le plus d'impact aujourd'hui sur notre monde, en particulier sur des domaines comme l'économie et la santé.

À partir des années 1960, l'invention des réseaux a permis d'aller encore plus loin avec l'*informatique répartie*. Il a été possible de connecter des ordinateurs dans de grands réseaux comme Internet, et des processeurs dans des petits réseaux à l'intérieur de chacun des ordinateurs, devenu désormais un calculateur *parallèle*. L'objectif était de créer l'abstraction d'une *super-machine répartie, ultra-robuste* et *ultra-rapide*. Mais la recherche de ces super-pouvoirs a eu comme conséquence majeure la perte de l'universalité. Certes, quelques algorithmes pouvaient être exécutés de manière robuste et rapide sur la machine répartie, mais pas tous, et sans possibilité de faire abstraction des technologies sous-jacentes à ces réseaux.

L'algorithmique répartie est la discipline scientifique qui identifie les conditions nécessaires et suffisantes sur les réseaux, grands ou petits, permettant de retrouver l'universalité de Turing. Lorsque ces conditions ne sont pas satisfaites, il s'agit de définir les formes d'universalité restreintes qu'il est possible de réaliser. Sans cela, il est impossible d'appréhender ce que font les algorithmes exécutés sur une *blockchain*, un *cloud*, un *data center* ou sur l'*Internet des objets*, ni de définir ce que permettent de calculer exactement des architectures multiprocesseurs. Autrement dit, il est impossible de comprendre l'informatique moderne, fondamentalement répartie.

En informatique répartie, les algorithmes sont constitués, outre des instructions élémentaires des algorithmes classiques centralisés, d'instructions permettant de faire communiquer plusieurs machines, comme des envois de messages ou des accès à des zones de mémoire partagée. Ces instructions « réseau » ont un impact fondamental sur la nature des algorithmes. Leur complexité s'en trouve profondément affectée et de nouvelles métriques sont nécessaires pour mesurer leur efficacité, fondées par exemple sur le nombre de messages envoyés en fonction du nombre d'ordinateurs connectés. Ces métriques permettent d'étudier le compromis entre les super-pouvoirs de la machine répartie obtenue : *robustesse* et *rapidité*. Les algorithmes d'apprentissage sous-jacents à l'intelligence artificielle aujourd'hui illustrent ce compromis. Du fait de la grande quantité de données disponible, l'apprentissage est réparti sur plusieurs machines. Une moyenne des analyses obtenues est alors effectuée. Une seule machine donnant des valeurs extravagantes rend le tout néanmoins inutilisable. Un algorithme réparti permettant d'obtenir plus de robustesse en calculant une médiane plutôt qu'une moyenne perd néanmoins en rapidité.

Au-delà des considérations technologiques qui motivent l'étude de l'algorithmique répartie pour apprivoiser les inventions *humaines* que sont les ordinateurs et les réseaux, cette étude est tout aussi fondamentale à la compréhension de phénomènes *naturels*. La modélisation de la synchronisation du clignotement des lucioles, des mouvements coordonnés d'un banc de poissons, des formes géométriques dessinées par une nuée d'oiseaux, ou du comportement collaboratif d'un réseau de neurones, passent par des algorithmes répartis.

Je tiens à remercier Anne-Marie Kermarrec, Fatima Rahmoun, Mohammed Guerraoui, Alexander Maurer, Sébastien Rouault, Serge Abiteboul, Pierre Dillenbourg, Jean-Daniel Boissonnat, Michel Raynal et Lê Nguyên Hoang pour leurs commentaires sur ce texte. Je souhaite aussi remercier les collègues avec lesquels j'ai eu la chance de collaborer ces deux dernières décennies, en particulier, François Terrier et Agnès Lanusse pendant mes années au CEA à Saclay, Joe Sventek et Svend Frolund quand je travaillais chez HP à Mountain View, Nancy Lynch et Calvin Newport quand j'étais au MIT, André Schiper, Benoit Garbinato, Pascal Felber, Karim Mazouni et Fernando Pedone pendant mes début à l'EPFL, François Taiani et Michel Raynal pendant mon séjour à l'université de Rennes, Carole Delporte et Hugues Fauconnier de Paris VII, Pierre Sens et Frank Petit de Paris VI, ainsi que Janna Burman et Joffroy Beauquier d'Orsay, pendant mes séjours parisiens. Enfin, c'est en essayant de suggérer des problèmes intéressants d'algorithmique répartie à mes doctorants et post-doctorants à l'EPFL que j'ai pu réaliser la richesse du domaine. Je tiens à remercier Seth Gilbert, Felix Freiling, Florian Huc, Vincent Gramoli, Swan Dubois, Joao Barreto, Assia Garbinato, Mahsa Taziki, Jingjing Wang, Rhicheek Patra, Dan Alistarh, Sébastien Baehni, Romain Boichat, Viktor Bushkov, Tudor David, Aleksandar Dragojevic, Partha Dutta, Patrick Eugster, Sidath Handurukande, Michel Kapalka, David Kozhaya, Nikola Knezevic, Boris Koldehofe, Petr Kouznetsov, Ron Levy, Giuliano Losa, Maxime Monod, Bastian Pochon, Maysam Yabandeh, Jesper Spring, Vasileios Trigonakis, Marko Vukolic, Karolos Antoniadis, Georgios Damaskinos, Diego Diedona, El Mahdi El Mhamdi, Arsany Abdelmessih, Alexandre Maurer, Matteo Monti, Vlad Nitu, Matej Pavlovic, Sébastien Rouault, Igor Zlabotchi et Adrian Seredinshi.

Les leçons inaugurales du Collège de France

Depuis sa fondation en 1530, le Collège de France a pour principale mission d'enseigner, non des savoirs constitués, mais « le savoir en train de se faire » : la recherche scientifique et intellectuelle elle-même. Les cours y sont ouverts à tous, gratuitement, sans inscription ni délivrance de diplôme.

Conformément à sa devise (*Docet omnia*, « Il enseigne toutes choses »), le Collège de France est organisé en cinquante-deux chaires couvrant un vaste ensemble de disciplines. Les professeurs sont choisis librement par leurs pairs, en fonction de l'évolution des sciences et des connaissances. À l'arrivée de chaque nouveau professeur, une chaire nouvelle est créée qui peut ou bien reprendre, au moins en partie, l'héritage d'une chaire antérieure, ou bien instaurer un enseignement neuf.

Plusieurs chaires thématiques annuelles (Création artistique, Mondes francophones, Santé publique, Informatique et sciences numériques, Innovation technologique, chaire européenne) et pluriannuelles permettent également d'accueillir des professeurs invités.

Le premier cours d'un nouveau professeur est sa *leçon inaugurale*. Solennellement prononcée en présence de ses collègues et d'un large public, elle est pour lui l'occasion de situer ses travaux et son enseignement par rapport à ceux de ses prédécesseurs et aux développements les plus récents de la recherche.

Non seulement les leçons inaugurales dressent un tableau de l'état de nos connaissances et contribuent ainsi à l'histoire de chaque discipline, mais elles nous introduisent, en outre, dans l'atelier du savant et du chercheur. Beaucoup d'entre elles ont constitué, dans leur domaine et en leur temps, des événements marquants, voire retentissants.

Elles s'adressent à un large public éclairé, soucieux de mieux comprendre les évolutions de la science et de la vie intellectuelle contemporaines.

Les leçons inaugurales publiées dans la collection Collège de France / Fayard

Depuis 2003, les Leçons inaugurales du Collège de France sont publiées dans la collection Collège de France / Fayard. Quelques leçons antérieures y ont été également republiées.

164. Serge Haroche
Physique quantique (2001)

165. Jacques Livage
Chimie de la matière condensée (2002)

166. John Scheid
Religions, institutions et société de la Rome antique (2002)

167. Roland Recht
L'objet de l'histoire de l'art (2002)

169. Christine Petit
Génétique et physiologie cellulaire (2002)

170. Édouard Bard
Évolution du climat et de l'océan (2003)

171. Stuart Edelstein
Les mécanismes de la transduction du signal en biologie (2003)

172. Mireille Delmas-Marty
Études juridiques comparatives et internationales du droit (2003)

173. Pierre-Louis Lions
Équations aux dérivées partielles et applications (2003)

174. Jayant Vishnu Narlikar
Faits et spéculations en cosmologie (2003)

175. Michael Edwards
Étude de la création littéraire en langue anglaise (2003)

176. Theodor Berchem
Tradition et progrès. La mission de l'Université (2004)

177. Henry Laurens
Histoire du monde arabe contemporain (2004)

178. Denis Knoepfler
Apports récents des inscriptions grecques à l'histoire de l'Antiquité (2004)

179. Jean-Louis Mandel
Gènes et maladies : les domaines de la génétique humaine (2004)

180. Celâl Şengör
Une autre histoire de la tectonique (2004)

181. Sandro Stringari
L'aventure des gaz ultra-froids : condensation de Bose-Einstein et superfluidité (2005)

182. Gabriele Veneziano
Gravitation, relativité, mécanique quantique : la grande synthèse est-elle proche ? (2005)

183. Christian de Portzamparc
Architecture : figures du monde, figures du temps (2006)

184. Maurice Bloch
L'anthropologie cognitive à l'épreuve du terrain. L'exemple de la théorie de l'esprit (2006)

185. Thomas Pavel
Comment écouter la littérature? (2006)

186. Stanislas Dehaene
Vers une science de la vie mentale (2006)

187. Jon Elster
Raison et raisons (2006)

188. Antoine Compagnon
La littérature, pour quoi faire? (2006)

189. Daniele Vitali
Les Celtes d'Italie (2006)

190. Jean-Paul Clozel
La biotechnologie : de la science au médicament (2007)

191. Pascal Dusapin
Composer. Musique, paradoxe, flux (2007)

192. Guy Orban
La vision, mission du cerveau. Les trois révolutions des neurosciences cognitives (2007)

193. Michel Devoret
De l'atome aux machines quantiques (2007)

194. Alain Prochiantz
Géométries du vivant (2007)

195. Roger Chartier
Écouter les morts avec les yeux (2007)

197. Gérard Berry
Pourquoi et comment le monde devient numérique (2008)

198. Pierre Magistretti
La neuroénergétique : de la synapse à l'image (2008)

199. Michel Brunet

Origine et histoire des hominidés. Nouveaux paradigmes (2008)

200. Philippe Sansonetti

Des microbes et des hommes. Guerre et paix aux surfaces muqueuses (2008)

201. Anne Cheng

La Chine pense-t-elle? (2008)

202. Esther Duflo

Expérience, science et lutte contre la pauvreté (2009)

203. Pierre-Laurent Aimard

Rôle et responsabilités de l'interprète aujourd'hui (2009)

204. Mathias Fink

Renversement du temps, ondes et innovation (2009)

205. Henri Leridon

De la croissance zéro au développement durable (2009)

206. Thomas Römer

Les Cornes de Moïse. Faire entrer la Bible dans l'histoire (2009)

207. Marc Fontecave

Chimie des processus biologiques : une introduction (2009)

208. Gérard Berry

Penser, modéliser et maîtriser le calcul informatique (2009)

209. Antoine Georges

De l'atome au matériau. Les phénomènes quantiques collectifs (2009)

210. Peter Piot

L'épidémie du sida. Mondialisation des risques, transformations de la santé publique et développement (2010)

211. Patrick Couvreur

Les nanotechnologies peuvent-elles contribuer à traiter des maladies sévères? (2010)

212. Nicholas Stern

Gérer les changements climatiques. Climat, croissance, développement et équité (2010)

213. Jacques Nichet

Le théâtre n'existe pas (2010)

214. Ismail Serageldin

Mobiliser le savoir pour éradiquer la faim (2010)

215. Anselm Kiefer

L'art survivra à ses ruines (2010)

216. Jean-Marie Tarascon

L'énergie : stockage électrochimique et développement durable (2010)

217. Elias Zerhouni

Les grandes tendances de l'innovation biomédicale au xxie siècle (2011)

218. Clément Sanchez

Chimie des matériaux hybrides (2011)

219. Martin Abadi

La sécurité informatique (2011)

220. Claudine Tiercelin

La connaissance métaphysique (2011)

221. Barbara Romanowicz

Physique de l'intérieur de la Terre (2011)

222. Gilles Clément

Jardins, paysage et génie naturel (2011)

223. Paul Colonna

Le carbone renouvelable dans les systèmes alimentaires, énergétiques et chimiques (2011)

224. Jean-Paul Laumond

La robotique : une récidive d'Héphaïstos (2012)

225. Jean-Noël Robert

La hiéroglossie japonaise (2012)

226. Serge Abiteboul

Sciences des données : de la logique du premier ordre à la Toile (2012)

227. Manuela Carneiro da Cunha

Savoirs autochtones : quelle nature, quels apports ? (2012)

228. Jean-Pierre Brun

Techniques et économies de la Méditerranée antique (2012)

229. Bernard Chazelle

L'algorithmique et les sciences (2012)

230. Karol Beffa

Comment parler de musique ? (2012)

231. Alain Supiot

Grandeur et misère de l'État social (2012)

232. Edith Heard

Épigénétique et mémoire cellulaire (2012)

233. Yves BRÉCHET

La science des matériaux : du matériau de rencontre au matériau sur mesure (2013)

234. Dominique KEROUEDAN

Géopolitique de la santé mondiale (2013)

235. Anny CAZENAVE

La Terre et l'environnement observés depuis l'espace (2013)

236. Gérard BERRY

L'informatique du temps et des événements (2013)

237. Jean DALIBARD

Atomes et rayonnement (2013)

238. Tony CRAGG

Sculpture et langage (2013)

239. Frantz GRENET

Recentrer l'Asie centrale (2013)

240. Sanjay SUBRAHMANYAM

Aux origines de l'histoire globale (2013)

241. Gilles BOEUF

La biodiversité, de l'océan à la cité (2013)

242. Pierre-Michel MENGER

La différence, la concurrence et la disproportion. Sociologie du travail créateur (2014)

243. Jean-Marie TARASCON

Chimie du solide et énergie. Exemples et avenir d'une science millénaire (2014)

244. Alain de LIBERA

Où va la philosophie médiévale? (2014)

245. Philippe Walter

Sur la palette de l'artiste. La physico-chimie dans la création artistique (2014)

246. François Bourguignon

Pauvreté et développement dans un monde globalisé (2014)

247. Nicolas Ayache

Des images médicales au patient numérique (2014)

248. Alain Fischer

Médecine expérimentale (2014)

249. Dominique Charpin

Comment peut-on être assyriologue? (2014)

250. Bernard Meunier

Innovations thérapeutiques : tendances et évolution (2014)

251. Françoise Combes

La matière noire dans l'Univers (2014)

252. Hugues de Thé

L'oncologie : de l'empirisme à la biologie intégrée (2015)

253. Georges Calas

Les ressources minérales, enjeu majeur du développement durable (2015)

254. Marie-Paule Cani

Façonner l'imaginaire. De la création numérique 3D aux mondes virtuels animés (2015)

255. François Déroche

La voix et le calame. Les chemins de la canonisation du Coran (2015)

256. Philippe Aghion
Repenser la croissance économique (2015)

257. Thomas Sterner
Les instruments de la politique environnementale (2015)

258. Bernard Derrida
Physique statistique. La flèche du temps et le hasard (2015)

259. Patrick Boucheron
Ce que peut l'histoire (2015)

260. Jean-Luc Fournet
Ces lambeaux, gardiens de la mémoire des hommes. Papyrus et culture de l'Antiquité tardive (2016)

261. José-Alain Sahel
Rapprocher les regards. Autour de la restauration visuelle (2016)

263. Alain Mabanckou
Lettres noires : des ténèbres à la lumière (2016)

264. Claire Voisin
Topologie des variétés algébriques complexes (2016)

265. Jean-Louis Cohen
Architecture, modernité, modernisation (2014)

266. Jean-Jacques Hublin
Biologie de la culture. Paléoanthropologie du genre Homo (2014)

267. Philippe Manoury
L'invention de la musique (2017)

268. Didier Roux
Découvertes, inventions et innovations (2017)

269. Jean-Daniel Boissonnat

Géométrie algorithmique : des données géométriques à la géométrie des données (2017)

270. Bénédicte Savoy

Objets du désir, désir d'objets (2017)

271. Alain Wijffels

Le droit européen a-t-il une histoire ? En a-t-il besoin ? (2017)

272. Thomas Lecuit

Dynamiques du vivant (2017)

273. Claire Mathieu

L'algorithmique (2017)

274. Vinciane Pirenne-Delforge

Religion, histoire et société dans le monde grec antique (2017)

275. Edhem Eldem

L'Empire ottoman et la Turquie face à l'Occident (2017)

276. Stéphane Mallat

Sciences des données et apprentissage en grande dimension (2018)

278. Denis Duboule

Le génome et ses embryons (2018)

279. François Héran

Migrations et sociétés (2018)

280. Thomas Ebbesen

L'alchimie du vide. Interactions lumière-matière en chimie physique (2018)

281. Molly Przeworski

Origines évolutives des variations génétiques (2018)

282. Amos Gitaï
La caméra est une sorte de fétiche. Filmer au Moyen-Orient (2018)

284. Xavier Leroy
Le logiciel, entre l'esprit et la matière (2018)

Composition réalisée par Belle Page